AF297575

OBSERVATIONS

DU

GÉNÉRAL DUVIVIER.

Paris — Imprimerie de Ducessois, 55, quai des Grands-Augustins,
près le Pont-Neuf.

PORTS EN ALGÉRIE

OBSERVATIONS

DU

GÉNÉRAL DUVIVIER

SUR LE DISCOURS

DE

M. THIERS

Sine ira aut studio

AVRIL 1842.

BIBLIOTHÈQUE

PARIS

GARNIER FRÈRES, LIBRAIRES, PALAIS-ROYAL,

PÉRISTYLE MONTPENSIER, 215 BIS,

Et place de la Bourse, 13.

DES

PORTS MILITAIRES EN ALGÉRIE

Les discussions publiques sur la question de l'Algérie viennent de commencer. Mais comme s'y attendaient les hommes froids, impartiaux, ne perdant jamais de vue un seul instant le grand intérêt du pays, les récriminations individuelles aussi sont venues se glisser à la traverse, et la question en est sortie un peu plus embrouillée, un peu plus compliquée de difficultés, qu'elle ne l'était auparavant. Ce n'est, du reste, aux yeux des personnes, habituées à savoir de quelle étendue de puissance est la *loi dite de continuité* par les mathématiciens, que le terme subséquent de la longue

série des obstacles développée successivement sans in-
terruption et dont le premier terme prit naissance
dans la première discussion des chambres sur l'Afrique. — Nous avons souvent exposé nos vues sur l'Algérie. Nous en avions le droit parce que nous y avons
combattu, administré, réussi même, pendant onze
années. Jamais nous n'avons été assez présomptueux
pour croire que nous ne pouvions pas nous tromper;
jamais non plus nous n'avons espéré persuader, ou
convaincre, car nous ne connaissons que trop l'exac-
titude de l'adage : « Nul n'est prophète dans son pays. »
Ayant ainsi livré nos pensées à la discussion de tous,
nous admettons que la réciproque nous est permise et
il nous convient d'examiner, aujourd'hui, un point
important qui a été le pivot des derniers débats.

Faut-il un GRAND PORT MILITAIRE sur la côte de
l'Algérie ? Son existence sera-t-elle avantageuse à la
France, ou bien au contraire lui sera-t-elle funeste ?
—Depuis longtemps nous nous sommes prononcé, avec
une conviction profonde, pour la seconde de ces pro-
positions. « L'absence de port POUR DES ESCADRES sur
« la côte d'Afrique, avons-nous écrit, est le seul avan-
« tage naturel que cette âpre terre nous ait présenté. »
Nous avons appuyé cette affirmation par des raison-
nements. Ceux-ci, jusqu'à présent, que nous sachions,
n'ont point été attaqués. Mais on a voulu démontrer

l'utilité, le besoin urgent de *grands ports militaires* par d'autres considérations et ce sont toutes celles-ci que nous voulons reprendre une à une pour rendre évidente leur nullité de puissance.

Parmi les orateurs qui ont pris la parole, M. Thiers est celui qui s'est plus spécialement limité à ne parler que des ports ; sa voix est une des plus puissantes de la chambre ; ce sont par suite les opinions qu'il a émises que nous allons plus particulièrement examiner, et de suite, sans préambule aucun, nous abordons la question en suivant l'ordre des idées de son discours.

L'orateur établit d'abord comme un fait constant : « Que toutes les opinions ont été d'accord sur l'ur-« gence de la construction d'un grand port militaire « à Alger. » — Nous mettons en doute l'absolu de ce fait, car nous pensons être le premier qui ait agité cette question au point de vue où nous l'avons pré-sentée relativement à ses conséquences funestes pour notre marine militaire, et nous savons que des hom-mes de mérite nous ont approuvé.

Posant ensuite sa proposition ainsi : « Le port d'Al-« ger, est pour la conservation de notre établisse-« ment la condition indispensable ; sans un grand « port notre établissement serait menacé à un point « extrême, » l'éloquent orateur développe ses démons-trations en se basant sur les avantages du vent de nord-ouest dit Mistral par les Provençaux, sur l'urgence qu'il y aurait, comme condition vitale pour notre occupation de l'Algérie, de pouvoir à volonté jeter rapidement et immanquablement vingt mille soldats en Afrique pendant une guerre européenne et maritime; enfin, sur diverses autres considérations secondaires. — Comme nous supposons que le lecteur aura sous les yeux le discours même tel qu'il est imprimé au Moniteur, nous allons examiner sans plus rien citer.

Le vent de Mistral, dû à l'air froid qui se précipite des sommets des Alpes par la vallée du Rhône pour remplacer l'air chaud s'élevant verticalement des côtes de Provence, est excessivement variable de force; rarement il est assez impétueux pour empêcher un blocus. Pendant plusieurs années consécutives, sous l'Empire, nous avons vu journellement, à Toulon, signaler des voiles anglaises. Si, profitant de quelque obscurité favorable, des escadres parvinrent quelquefois à sortir, soit pour l'Italie, soit pour l'Espagne, presque toujours elles furent rejointes et détruites par les escadres ennemies. Le Mistral n'a pas une portée très-grande. Généralement à la hauteur des Baléares on trouve soit du calme, soit d'autres vents. Nul n'ignore que dans la Méditerranée des courants d'air opposés, descendus des divers sommets qui enceignent son bassin, s'y heurtent de toute part et se bifurquent dans tous les sens ; là des vents parallèles et directement contraires glissent souvent à quelques encâblures l'un de l'autre, comme dans ce détroit entre le cap Corse et la rivière de Gênes ; là ne se trouvent plus ces vents longs de plusieurs centaines de lieues, et ces larges houles de l'Océan ; là le calcul des probabilités n'est que pour quelques milles, que pour quelques instants ; tout devient intelligence et fortune du moment. Au delà des Baléares, on doit s'attendre à trouver en se rapprochant de l'Afrique, un vent tout opposé dû à des causes physiques semblables à celles qui produisent le Mistral. Alors ce sont d'innombrables bordées qu'il faut courir pour entrer dans la baie puis dans le port d'Alger. Enfin le Mistral est éventuel ; de longs mois souvent se passent sans qu'il se fasse sentir. Au temps des bateaux de poste *à voile* pour la Corse, nous avons vu plusieurs de ceux-ci rester des semaines consécutives sans pouvoir appareiller de Toulon pour leur destination. Ainsi, pour espérer chances de parvenir à jeter vingt mille hommes en Algérie, en trompant un blocus, il faudrait le concours complet d'une longue série de circonstances favorables telles chacune, que l'absence d'une seule d'entre elles livrerait l'escadre française à la merci d'un combat contre une flotte ennemie plus nombreuse. — Et si les besoins étaient urgents! Et si le Mistral restait deux mois sans souffler ! — Y a-t-il dans toutes ces éventualités une cause suffisante pour anéantir toute autre considération et pour forcer à la construction d'un grand port militaire à Alger?

Mais quel que soit le pouvoir du Mistral à notre avantage, ce pouvoir cesserait-il donc d'exister si un grand port n'était pas à Alger? — Dans les mêmes cas de possibilité de surprendre le passage, les navires français n'arriveraient-ils donc pas toujours également quand même un port n'aurait pas été construit ?—Un port, il est vrai, serait destiné à mettre à l'abri du canon ennemi les vingt vaisseaux français; mais ceux-ci ne tarderaient pas vingt-quatre heures à être bloqués, dans ce même port, par des forces plus considérables ; et nous devons dire *plus considérables*, car cela est la conséquence du blocus sous lequel on a supposé être à Toulon; ainsi le transport des vingt mille hommes à Alger aurait pour conclusion immédiate l'enchaînement et l'isolement de vingt de nos vaisseaux de guerre, faute militaire immense, qui, sans nul doute, se paierait bien cher sur d'autres points. — Aussi, qu'un port militaire vaste, fût ou ne fût pas à Alger, un chef d'escadre désireux des combats, se sentant cherché par des ennemis supérieurs , au lieu de perdre son temps à s'engouffrer par de longues bordées dans la baie d'Alger [1], pour parvenir à s'emprisonner dans cette souricière nommée grand port, se hâterait de mettre ses vingt mille hommes à terre, soit vers le cap Matifoux, soit vers Sidi-Féroudj, soit vers le pied Est du Chénoua, et de reprendre bien vite la haute mer. — Avions-nous donc un port à nous, lorsqu'en 1830 l'amiral Dupéré qui ne brille pas pour des rhéteurs, mais qui brille aux yeux du pays non-oublieux de ses belles opérations de guerre, nous débarqua, à la pointe du jour, sur cette plage ennemie que nous allions conquérir pour venger l'honneur de la France. — Les Anglais, dont, à juste raison, on veut prévoir un débarquement formidable futur, en seront-ils donc empêchés parce qu'ils ne posséderont pas des ports sur cette côte ?

Mais ces avantages prétendus qui résulteraient pour nous du Mistral, ne peuvent être acceptés que par ceux qui ne connaissent pas les moyens que les flottes ennemies emploieraient pour établir leur blocus. Instruites, mieux que nous ne le serions de ce côté-ci, des circonstances du moment et de nos besoins en Algérie, elles mettraient la masse de leurs forces en croisière à la hauteur des Baléares. Elles échelonne-

---

[1] L'entrée du port d'Alger serait à cinq mille mètres au-delà de la corde, qui du cap Matifoux au cap Pescade soutend l'arc de la baie.

raient en divers sens des bâtiments légers et rapides, tant à voile qu'à vapeur, porteurs de signaux convenus et destinés à observer sans cesse tout ce qui se ferait; instruites du point de départ, du point forcé d'arrivée, de l'urgence du besoin de secours en Afrique, sans doute aucun, elles parviendraient à livrer en nombre supérieur, un grand combat à la flotte française. Si l'on veut, en outre, réfléchir à tous les inconvénients qui résulteraient dans un combat en mer de la présence dans chaque vaisseau de mille hommes d'infanterie, on aura une faible idée de l'affreuse calamité dont serait frappée la France par la perte complète d'une bataille navale malheureuse que toutes les probabilités promettent. Que l'on juge ensuite si nous ne fûmes pas bien inspirés lorsque nous écrivîmes (page 273) : « L'Algérie ne prépare à la France que « des malheurs maritimes en temps de guerre », quand nous voyons un homme qui a été ministre, qui est menacé (on nous c'est une horrible corvée) de le redevenir encore un jour quelconque, concevoir et émettre un projet aussi dangereux.—Veuille le ciel qu'il n'y ait jamais de grand port militaire en Algérie, car voilà une des mille combinaisons funestes qu'il ferait éclore et entreprendre.

César, Napoléon, parlaient beaucoup de leur fortune; ils voulaient qu'on y crût; c'était un moyen de fascination pour les masses ; mais, eux, tout entourés qu'ils étaient de la gloire de tant de hauts faits, ils n'y croyaient pas. Sauf dans quelques cas bien rares de fatigue, ou de paresse d'esprit, ils ont, toujours tout profondément calculé, et si, quelquefois, ils parurent au vulgaire donner à la fortune, c'est parce qu'ils connaissaient exactement la minime valeur des chefs qui leur étaient opposés. — Ils savaient se décider vite ; mais *savoir se décider vite* n'est pas *se décider vite.* Dans le premier cas l'esprit examine exactement, rapidement et à fond les diverses résolutions à prendre, leur conséquence, et fait son choix très-vite, mais avec connaissance de cause. Dans le second, l'homme, tout simplement, tire de suite à pile ou face. Trop de personnes, malheureusement maintenant, se persuadent ressembler à ces deux grands hommes en croyant de bonne foi à leur propre fortune et en affectant de se décider de suite. Quel danger pour la France si, pendant une pénible guerre maritime et européenne, les circonstances présentaient tout à la fois de grands ports militaires en Algérie et des têtes égarées par un vertige semblable près de la direction des hautes affaires.

Mais comment donc amener de France vingt mille soldats en Algérie ? Pourquoi les y transporter ? — Quand vous aurez la guerre avec l'Angleterre, comme sous Louis XIV, comme sous Louis XV, comme sous l'Empereur, vous l'aurez avec toutes les puissances. Où trouverez-vous alors la possibilité de vous dégarnir encore de vingt mille soldats et d'une armée navale de vingt vaisseaux que, dans le cas le moins malheureux, vous ferez bloquer indéfiniment? — Si, encore, on eût demandé le grand port militaire d'Alger pour avoir faculté de ramener vingt mille soldats d'Afrique en France, nous aurions pu le concevoir sans pourtant le comprendre. — Vous supposez évidemment qu'une armée européenne ennemie tente la conquête de l'Afrique. Savez-vous alors, si vous vous êtes déjà laissé surprendre, ce qu'il y aurait de moins mal à faire par la France? — Cette armée ennemie sera nécessairement venue par mer ; elle aura longtemps besoin de la mer pour vivre, si en Afrique on n'a pas gauchement éparpillé sur le littoral des centres de colonisation, toujours faibles de défense. Alors toutes nos forces maritimes de la Méditerranée, concentrées toujours en une seule masse par le fait du port unique de Toulon et des îles d'Hières, pourront, si elles sont assez considérables pour s'exposer, le cas échéant, aux chances d'une grande bataille, aller balayer la côte servant de base d'opération à l'armée envahissante ennemie, et forcer peut-être celle-ci à périr de faim et de misère. Voilà la contre-manœuvre à tenter, si vos forces maritimes sont suffisantes; mais cette manœuvre, *elle*, non seulement un grand port à Alger ne peut lui être nécessaire, mais il aura probablement empêché par des dispersions antérieures qu'elle ne puisse être entreprise.

Non, ceux qui se sont occupés de la conservation de la colonie « n'ont pas tous pensé qu'elle dépendait de la possibilité de secours rapides venant de France.» Beaucoup, au contraire, ont pensé que la faire dépendre de semblables secours était une immense erreur militaire; que c'était faire dépendre tout du hasard et rien d'un calcul sérieux des probabilités. Ils ont pensé, au contraire, que la colonie devait se défendre par elle-même, et ils ont cru apercevoir la possibilité de l'en rendre capable en peu d'années. Ainsi, pour ce dernier problème nous dirions, nous : « Donnez « l'armée permanente que nous avions demandée; « rendez la loi que nous avions demandée, qui décla- « rerait l'Algérie occupée à tout jamais et dont la « conséquence forcée serait l'établissement immédiat « d'un budget permanent; puis envoyez là un vice-roi « héréditaire, à pouvoirs excessivement étendus, ne « relevant que du Roi et laissez-le faire en l'aidant, « toutefois, le plus possible dans les premières années, « pour des recrues, pour des colons, pour des subsides « éventuels. » Qu'on en soit certain, ce vice-roi, qui sentirait bien qu'il a brûlé ses vaisseaux, parviendrait vite à tout consolider. Il formerait un état continental calculé sur une absence absolue des ressources de la mer; il ne regarderait celles-ci que comme une éventualité heureuse dont il profiterait quand la fortune la lui donnerait. Il laisserait à ses successeurs le soin de se créer une marine et des ports pour la recevoir. La question de l'Algérie prendrait alors un autre esprit, et bientôt elle satisferait à tous les avantages futurs si âprement vantés, qui ne seront jamais que des utopies passées déjà à l'état fossile, tant qu'on administrera par la France et par des gouverneurs amovibles. Si l'on nous objecte que telle décision est incompatible avec les formes constitutionnelles de France, alors nous répondrons... oh! nous répondrons : « Avec de « telles formes, gardez-vous toujours des grandes « entreprises, si en effet votre objection est valable « sans retour, et prions Dieu qu'il daigne nous éclai- « rer. » -- Mais faire dépendre le salut de la colonie de la réussite à point nommé d'une éventualité des plus improbables; faire dépendre la réussite de cette combinaison sans probabilités de la construction d'un port africain impuissant à influer sur ces probabi- lités!... Là se dessine bien le type caractéristique qui donnera aux générations futures la clef de tant de fautes de notre époque.

M. le ministre du 1ᵉʳ mars « sentit en 1840, combien l'établissement d'Afrique courait, dans ce moment, de dangers, *parce qu'il n'y avait pas de grand port à Alger.*» — Il a pu le comprendre ainsi. — Mais le vrai danger que nous courions, était celui de mourir de faim. L'ordre télégraphique envoyé à notre secours, de détourner la jetée à 24 degrés dans l'Est, ne nous donnait pas du pain ; eussions-nous porté tout le Jurjura dans la mer, nous n'eussions pas eu une pincée de farine de plus, car les jetées d'Alger, contournées comme on voudra, ne feront rien contre un blocus, à moins qu'on ne propose de les prolonger jusqu'à Toulon. — LA FAIM, voilà quel était, quel est le principal ennemi, celui qu'un grand port militaire à Alger ne vaincra pas plus efficacement que ne le pourra faire un bon petit port de commerce. Cet ennemi, quelques moyens de détail que l'on emploie, ne pourra être vaincu que par l'application intelligente et prévoyante des trois principes suivants : 1° que l'armée suffise à sa subsistance par ses cultures ; 2. que les colons organisés militairement à la manière des Anciens, *les seuls qui aient su faire réussir des colonies en pays ennemi,* cultivent pour satisfaire à leur alimentation et à de moyens bénéfices ; 3° que les indigènes, dans une certaine zone, contraints à rester en tranquillité par la crainte de nos châtiments, cultivent assez pour eux et bientôt après pour le commerce par l'appât du gain et par la confiance dans la bonne foi de nos transactions. — Mais hors de l'application de ces trois principes on ne trouvera rien qu'illusions. — Pense-t-on qu'un renfort de vingt mille soldats, tous gens de bon appétit, apportés furtivement par vingt vaisseaux de guerre, nous aurait aidés à surmonter la faim, si surtout ils avaient été assistés dans cette étonnante solution par les estomacs des équipages des vingt vaisseaux bloqués indéfiniment? — Aussi, au dire de quelques personnes, M. le ministre du 1er mars aurait-il, à cette époque, autrement compris la question. Il aurait adopté la résolution de ramener en France trente mille soldats d'Afrique, et de laisser le reste de l'armée ainsi que la colonie à un général, sur l'opiniâtreté duquel il pensait pouvoir compter. — Ce dire est-il exact? Des personnes graves nous l'ont affirmé; nous nous gardons de le garantir. — Suivant nous, ceci pourrait être le but caché, et tout autrement rationnel que celui de l'apport furtif de vingt mille hommes, auquel tend la demande de construction d'un grand port militaire à Alger. — Les amateurs *quand même*, d'une colonie à la mode de Paris en Afrique, pourront peut-être, par suite de ce doute, devenir moins désireux de cette construction. — Pour nous, prenant la question en elle-même, nous nous ferions fort de démontrer que, pour pareille rentrée en France, dans le plus grand nombre des cas l'existence du port serait un obstacle funeste et non un aide. — Le défaut de bien des personnes qui devisent sur ces questions est d'être toujours sous l'impression de toutes les opérations qu'elles voient exécuter à l'aise en temps de paix, et d'ignorer tout ce que les temps de guerre apportent de changements, tant en besoin de rapidité pour saisir les occasions opportunes, qu'en malheurs irréparables pour s'être laissé attarder un instant.

Le port d'Alger, nous assure-t-on, lorsqu'il pourra recevoir vingt-cinq vaisseaux, *fermera à tout jamais, au profit de la France, l'entrée de la Méditerranée contre quiconque voudrait régner dans cette mer.* Cela fait penser involontairement à d'Arçon, qui, pour soutenir les routines de la décadence militaire sous Louis XV sur l'emploi des places de guerre, affirmait qu'une armée ennemie envahissant la France, ayant gagné trois grandes batailles et pris trois places successives de première, deuxième et troisième ligne, n'aurait rien de mieux à faire que de s'en aller bien vite. — Sans entrer dans de longues discussions, qui ne voit que tout cela est une affaire de nombres? — Si la puissance rivale a plus de vaisseaux que vous, ou si, profitant d'une faute, *fruit de vos courses aventureuses,* elle bloque votre morceau d'escadre dans Tou-

lon et votre autre morceau d'escadre dans Alger, c'est
elle qui mettra la clef de la Méditerranée dans sa
poche pour son profit et pour celui de ses amis. — Mais
le détail, même dans ses plus petites parties, ne sou-
tient pas l'examen ! — Le port d'Alger est dans une
baie ; c'est un immense désavantage pour prendre
rapidement l'offensive et pour échapper aux regards
des croiseurs. Le port, par lui-même, ne contiendra
un nombre de vaisseaux un peu considérable qu'à condition de les amarrer à quatre amarres ; que de temps
faudra-t-il pour en sortir ; comment en déboucher len-
tement et un à un pour soutenir, à bien petite distance
de la passe, un combat successif et désavantageux
contre des vaisseaux ennemis, moins nombreux même
en totalité, mais qui seraient hardis et qui auraient le
tact de saisir les bonnes occasions que l'on veut leur
tant prodiguer ; comment le faire, le vent étant en grande
partie masqué encore par la côte élevée, tandis qu'à
une petite distance au-delà l'ennemi jouira de l'en-
tière et régulière possession du vrai vent. — Comment
donc, sous de pareilles conditions de lenteur, oser
rêver des résultats brillants de combinaisons de guerre
maritime, lorsque la rapidité, surtout pour sortir
inaperçu, en est l'élément le plus indispensable, et
lorsque tout le monde a bien des fois vu comme nous les
escadres moyennement nombreuses sortir peu rapide-

ment du goulet de Toulon, et ne le faire presque jamais sans des abordages, des avaries considérables et même des pertes; mais ces escadres-là du moins ont en avant d'elles les îles d'Hyères et la côte intermédiaire pour *tête de pont*. — Enfin pense-t-on que vingt-cinq vaisseaux amarrés sur quatre amarres dans le port, derrière ces simples jetées, y seront bien en sûreté? Pense-t-on que les bombes de Saint-Jean-d'Ulloa, les machines infernales de Saint-Malo, les projectiles Paixhans venus en trajectoire courbe d'une distance immense, vu la bande des navires, les fusées à la congrève [1], n'y arriveront pas? — Oublie-t-on le fait de 1809, que nous vîmes alors de nos yeux, lorsque les Anglais incendièrent ou détruisirent l'escadre française de quatorze vaisseaux dans la rade de l'île d'Aix (Rochefort)? oublie-t-on l'embossage de lord Exmouth sous la grande mosquée d'Alger? Certes nos batteries répondront, mais elles n'empêcheront pas les projectiles incendiaires de l'ennemi de passer pour tomber sur ces vingt-cinq vaisseaux français amarrés côte à côte, et ne pouvant pas même appareiller rapidement pour aller tenter les chances

[1] Lorsque l'on tire pour détruire par le choc un objet peu étendu, il faut tirer d'assez près. Mais lorsqu'on veut principalement incendier et mettre en confusion une masse très large, on peut avec succès tirer de beaucoup plus loin.

BIBLIOTHÈQUE

d'un combat glorieux. Une nombreuse escadre ennemie qui dans l'exécution d'une pareille opération n'a que des feux directs à essuyer, sans coups de flancs ni de revers à craindre en même temps, est assurée de réussir si elle a de l'intelligence et une grande audace. Or les marins anglais ne manquent ni de l'une ni de l'autre de ces grandes qualités, et eux ils n'ont pas écarté les éléments d'un bon canonnage à bord. En vain, dit-on pompeusement que ce port sera défendu par quelques centaines de bouches à feu [1]; c'est un épouvantail en paroles valable seulement pour ceux qui ignorent les causes de faiblesse d'un grand front d'artillerie contre les batteries condenses et convergentes de vaisseaux, toutes les fois où ce front ne peut pas être très-profondément flanqué par d'autres grands feux d'artillerie [2]. Mais tous les hommes de guerre savent cela. L'escadre ennemie arrêtée à moyenne distance, aidée par des bateaux à vapeur et par un vent bien choisi, réduirait instanta-

[1] Quelques centaines de grosses bouches à feu demandent quelques milliers de canonniers, ce qui fait qu'à terre dans les moments décisifs les nombreuses batteries sont toujours très-loin d'être complétement et efficacement servies, comme nous l'avons vu en 1809 à l'embouchure de la Charente.

[2] De la lanterne d'Alger au point où la direction de la jetée coupe les hauteurs de Mustapha, il y a directement 4500 mètres; de la lanterne aux hauteurs d'Hussein dey, il y a 6000 mètres; de la lanterne aux mamelons de la droite de l'embouchure de l'Aratch, il y a 9000 mètres.

nément certaines batteries françaises au silence [1], et garantirait ainsi une grande liberté de feu à ceux de ses navires spécialement chargés de lancer les projectiles incendiaires. Plus de cinq cents pièces de canon servies par des canonniers turcs intrépides et exercés, hérissaient les abords de l'ancien port des Deys, et pourtant Duquesnes, et pourtant lord Exmouth réussirent contre lui. — Et pourtant ce port, alors, était tout petit, et par suite bien plus facile à flanquer. — Non - Non ; il faut que notre port à Alger ne soit à peu de choses près que pour le commerce, et qu'il soit le plus petit possible, car sans cela il sera la source d'une immensité de malheurs maritimes de toute nature.

Pour réponse, on nous accusera probablement d'être un très-humble ami des Anglais ; ce serait une objection tout comme une autre. — Né au bruit du canon de la république triomphante, élevé pour l'Empereur et pour ses champs de bataille, héritier de cette vieille rancune nationale contre la politique envahissante de l'Angleterre ; rancune qui se formulait si énergique-

---

[1] Dix vaisseaux de guerre de 80 se plaçant en arc, réunissant à chaque bordée le feu de 400 pièces de canon et le jet de 6000 kilogrammes de fer contre trente pièces de canon (tout au plus), abritées derrière des embrasures en maçonnerie, s'ils n'ont pas en même temps de vigoureux feux de flanc et de revers à essuyer et s'ils ont tant soit peu d'audace pour les premiers moments où ils s'approchent, les auront anéanties en bien peu d'instants.

ment dans le combat des Trente, dans les escadrons guidés par la noble vierge d'Orléans, aux champs de Malplaquet, de Fontenoy et de l'abbaye de Mesle, nous sommes du nombre de ceux qui regrettent qu'on ait enlevé de dessus son piédestal de Sainte-Hélène cet immense géant qui delà, planant au-dessus de tout l'Océan, sonnait constamment le tocsin pour appeler les villes et les campagnes de France à venger glorieusement le grand deuil de Waterloo. Le pavillon national aurait été se planter en vainqueur et en maître sur cette terre que les derniers soupirs du grand Capitaine ont inféodée à la nation. Là, sous sa protection, fussent restées à tout jamais, comme monument indélébile des vicissitudes de la fortune des grands hommes et des grands peuples, les cendres de celui que les Anglais traînèrent devant leur char de triomphe, firent ensuite périr en prison, comme jadis les Romains en agissaient à l'égard des rois vaincus, et dont enfin plus tard ils nous ont jeté les restes mortels comme une aumône.—Voilà nos pensées. Mais soldat avant tout, nous honorerons toujours le brave soldat à quelque patrie qu'il appartienne ; nous tiendrons à honneur de reconnaître la haute intelligence, le courage froid et hardi, le brûlant patriotisme des officiers anglais, et nous nous ferons un mérite de suivre à la lettre cette vieille maxime des grands capitaines, de ne jamais avoir peur de notre ennemi et de ne le mépriser jamais. Mais ne pas avoir peur de son ennemi ou expirer sous ses coups sont deux choses indépendantes.

M. le ministre du 1er mars, pour faire résoudre un grand port militaire à Alger, déclare qu'en 1840 *il sentait combien étaient graves les difficultés politiques que faisait naître le port d'Alger.* Cela doit porter à conclure *qu'il avait reçu des communications diplomatiques de l'Angleterre.* Puis, immédiatement après, M. le député de 1842 ajoute : «qu'il devient « clair... qu'il est bien vrai que, si notre présence en « Afrique peut plaire aux Anglais, il y a une question « qui leur déplaît souverainement, c'est la construction « d'un port à Alger. » — Nous, au contraire, ce qui nous paraît le plus *clair*, le *plus vrai*, le *plus incontestable*, pour employer les expressions mêmes de l'orateur, c'est que l'ancien ministre est fasciné par la ruse anglaise pour cet établissement, comme il le fut pour le fameux traité A QUATRE OU A CINQ. — Les Anglais sont trop habitués aux combinaisons stratégiques de la guerre maritime, ils sont trop exercés aux vigoureux et habiles coups de main destinés à détruire les escadres placées en perdition derrière des abris mal calculés, pour ne pas avoir aperçu d'un seul coup d'œil toute l'étendue des maux que la construction de grands ports militaires en Algérie prépare dans l'avenir à la marine militaire française. Ils ont hâte, sans doute aucun, de nous voir creuser de nos propres mains la fosse à piége dans laquelle nous devons plus tard être la proie tombée à leur merci. — Mais avoir su nous porter d'enthousiasme à déployer nous-mêmes toute notre brûlante activité pour le rapide achèvement de ce traquenard, comme jadis les Troyens le furent à se hâter de renverser leurs remparts pour introduire le cheval de bois du rusé et intrépide Ulysse, est un degré d'habileté auquel, sans cette preuve patente, nous n'eussions jamais cru que la finesse anglaise pût parvenir. Quelle adresse dans cette merveilleuse administration gouvernementale, à s'emparer intelligemment des plus minimes éventualités pour les faire servir au profit de la nation qu'elle représente !!

On dit : «La colonisation, pendant plusieurs années « encore, aura besoin de la mer pour vivre ; » puis on ajoute : « Il faut donc pour cela construire des ports, « les fortifier et les défendre avec une marine qui n'ait « à redouter aucune agression dans la Méditerranée. » La première proposition est juste, toutefois en ne la portant pas à l'excès ; la seconde au contraire est inexacte, mais en outre elle contient deux indications diamétralement opposées. En effet, pour les navires de commerce destinés à faire vivre, de simples ports de commerce sont nécessaires et suffisent. Mais pour que ces navires passent envers et contre tous, il faut qu'ils soient garantis dans toute l'étendue de leur course, par l'action de formidables escadres françaises masquant, ou contenant, ou balayant les escadres ennemies, par conséquent, tenant et dominant la pleine mer. Voilà le fait qui assurera leur voyage, tandis qu'un port plus ou moins vaste et fortifié, y sera nul et impuissant. — Mais pour que notre marine n'ait *aucune agression à redouter*, il faut qu'elle prime celle de l'ennemi par le nombre et par la masse réunie, dans toutes les occasions possibles. Donc, toute dépense qui tendra à diminuer les sommes que l'on pourrait affecter à construire et à armer de nouveaux vaisseaux; tout établissement qui tendra à disséminer ces mêmes vaisseaux, seront des opérations opposées à la suprématie de notre marine. Or, ce sont juste deux des conséquences de la création de grands ports militaires en Algérie; donc, le commencement de la seconde proposition citée ci-dessus, est essentiellement hostile à la fin de cette même proposition. — Qui ne voit, si notre marine domine incontestablement dans la Méditerranée, qu'un port plus ou moins grand, plus ou moins fortifié, à Alger, ne lui ajoutera rien en prépondérance. Mais si notre marine, au contraire, est plus faible que celle rivale, de grands ports militaires en Algérie ajouteront à sa faiblesse une nouvelle faiblesse, et de nouvelles chances de malheurs et de fautes.

On semble regarder l'acquisition de deux cent quarante lieues de côtes en Algérie comme devant assurer à la marine française la domination dans la Méditerranée sur les autres marines.—Si un grand développement de côtes rendait *forcément* si puissant, la France en est assez bien dotée pour qu'elle eût depuis des siècles acquis cette domination des mers qui, au contraire, lui fut enlevée en quelques instants malgré tout le génie et toute la volonté de Louis XIV, et que la petite Hollande conserva tant de temps malgré les efforts réunis de la France et de l'Angleterre. — Mais ces affirmations viennent de ce qu'on n'approfondit pas assez la question. La longue étendue des côtes est un élément de force maritime, parce que pour le recrutement elle offre une plus nombreuse population habituée à la mer, ce qui du reste n'est pas notre bénéfice actuel en Algérie; mais si elle présente de nombreux ports militaires elle devient un élément de faiblesse par suite de toutes les disséminations qu'elle occasionne comme conséquence d'une économie mal entendue, d'une stratégie maritime mal comprise, ou de la débilité accidentelle soit d'intelligence soit de cœur de divers chefs d'escadres ou de bâtiments de guerre. Or, c'est cet élément de faiblesse que l'on s'efforce maintenant de se procurer par la côte africaine. — Sans nul doute Louis **XIV** pesait certaines parties de cela, lorsqu'il ordonnait primitivement la création du canal du Midi dans le but de faire passer ses armées navales d'une mer dans l'autre, et de les concentrer ainsi en une grande masse immanquablement. — On objectera peut-être que la Grande-Bretagne, proprement dite, présente plusieurs grands ports militaires, et que ce nombre (quoique les Anglais pourraient le rendre encore bien plus grand) ne lui nuit pas. Mais les Anglais ont actuellement la supériorité numérique en forces navales ; ils refoulent au loin les autres marines ; ils sont dans le cas où se trouvait Napoléon, lorsqu'il faisait mouvoir ses innombrables troupes en avant des trois lignes de places du Rhin, de l'Elbe et de l'Oder. Mais s'ils perdaient, et cette supériorité numérique et des combats, ils seraient à leur tour refoulés sur leurs côtes et dans ces ports. Alors, probablement, ils en éprouveraient le mortel inconvénient, de même que Napoléon, lorsqu'il eut perdu ses vieilles bandes, et que les gros bataillons furent comptés pour ses ennemis, dut l'impuissance de se relever, malgré tout son génie, à l'existence de ces néfastes places qui lui neutralisèrent des centaines de mille bons soldats éparpillés en fractions impuissantes.

Énoncer que par l'occupation de ces côtes on observe toute l'étendue de la Méditerranée, que l'on se crée là un Gibraltar oriental, compose plutôt une illusion et une idée poétique, que l'expression d'une froide réalité. Gibraltar est une vigie qui voit tout ce qui entre ou sort, car là l'œil traverse toute la passe ; en cela cette station est très-utile à l'Angleterre, car par elle on a, dans le plus bref délai possible, des renseignements toujours exacts. Mais de tout le littoral de l'Algérie on n'observe rien, car on ne voit rien, si ce n'est ceux qui veulent bien se laisser voir ; les observations et les découvertes sont uniquement le fruit des courses et des recherches intelligentes de bâtiments sillonnant toute cette large étendue de pleine mer. Or, pour ces destinations, qu'importe à ces navires d'être sortis du port de Toulon ou de celui d'Alger ? la mer et les chances de dangereuses rencontres sont toujours les mêmes pour eux. En outre quel grand bénéfice tirer de la faculté d'apercevoir de temps à autre des voiles inconnues poindre à l'horizon, si on n'est pas assez fort pour sortir, pour marcher à leur rencontre. Que nous faisait à Médéah, à nous réduits en tout à une demi-livre de biscuit par jour et à des herbes sauvages, la faculté d'apercevoir dans le lointain des sentinelles françaises sur les pics nuageux de Blida, lorsque tous les bataillons réguliers ennemis et les populations environnantes par leur continuelle présence contraignaient notre minime garnison à n'avoir rien de favorable à tenter au dehors de ses murailles. — On dit : On aura des escadres à Oran, à Alger, à Bougie, à Stora, à Bone, lorsque des ports militaires auront été construits sur ces points. Eh ! voilà précisément le malheur, voilà ce qui vous conduira à être vaincus et détruits en détail. — Ceux qui peuvent espérer d'échapper aux grandes escadres ennemies, ce sont les corsaires. Pour neutraliser ceux-ci, les Anglais détacheront de nombreux bâtiments légers de guerre. Mais plus nos escadres présenteront une forte masse, plus les Anglais, contraints alors d'en faire autant, seront dans l'impossibilité de détacher des navires de guerre loin de leur flotte. — La mer par suite s'ouvrira donc davantage à nos corsaires. Pour ceux-ci, dans une multitude de circonstances, la côte de l'Algérie, devenue possession française, sera un avantage. Mais, eux, ils ne demandent pas de grands ports. Il leur faut des réduits pour se reposer, des batteries de côte fréquentes pour les protéger indubitablement contre la poursuite active d'un croiseur ennemi de force supérieure, enfin des points d'embuscades assurés par du canon français. Or tout cela peut et doit se faire sans grands ports militaires, et même tout cela demande bien plutôt les saillants que les rentrants de la côte. Les personnes instruites, mais non spéciales pour la guerre, aperçoivent bien qu'une grande étendue de côtes est un avantage maritime. Mais ne se rendant pas compte des détails de la question, elles ne saisissent pas ce qui constitue la différence entre les dispositions qui ne s'emparent que de ce qui est avantageux, et les dispositions qui rendent plus dangereux encore ce qui déjà était dangereux.

La guerre maritime, le commandement dans la Méditerranée surtout si nous pouvons jamais l'obtenir, ne peuvent se poursuivre avantageusement que par l'application du principe de la concentration des masses. Nous ne répéterons pas ici ce que nous avons déjà dit dans notre *Solution de l'Algérie* sur ces questions et sur le danger mortel attaché à la construction d'un grand port militaire sur la côte d'Afrique; nous désirons seulement qu'on veuille le lire et surtout le méditer froidement. Mais nous voulons citer un fait d'histoire. —Lloyd, militaire anglais de haut mérite, avait dans un projet de défense sur le territoire de sa patrie, indiqué un système qui consistait à éparpiller ses troupes régulières sur les flancs et sur les derrières de l'armée envahissante. Ce projet pouvait avoir de bonnes choses, parce que son auteur, dans sa pensée qu'il ne publiait pas, comptait très probablement sur le concours général et résolu des populations. —

Pris par les tacticiens autrichiens, sans être deviné dans ses réserves secrètes, ce même projet fut pour eux l'idée-mère du trop fameux système de cordon qui devint la science fondamentale des écoles du temps. En vain quelques militaires, s'appuyant sur certains principes brièvement énoncés par le grand Frédéric et sur cette si belle guerre du duc de Rohan dans la Valteline, tentèrent-ils d'en démontrer l'erreur; ils furent repoussés, moqués par les nombreux adeptes de la mauvaise école, et leur carrière militaire même fut brisée. — Rien en cela ne doit surprendre; les écoles d'un autre temps n'avaient-elles pas fait condamner Galilée comme impie? — Mais il advint un jour qu'un jeune officier, doté d'un jugement exact et rapide et d'une haute puissance d'étude et de travail, ayant médité dans le silence des nuits laborieuses sur les vices de ce système, se trouva tout à coup arriver seul et maître au commandement d'une armée française qu'on avait disséminée aussi comme l'était celle de ses adversaires. La concentrer immédiatement sous le feu même de l'ennemi, fut sans retard aucun sa première opération. Puis par ce système de masses, ce jeune officier, qu'on nommait Bonaparte, fit en un instant ce que tout le monde sait, ce que le monde n'oubliera jamais. — Persuaderons-nous les innombrables opposants aux idées de principes que nous exposons? Oh! non, nous n'y comptons pas; mais nous espérons que ces idées apparaîtront lucides dans les têtes ardentes et neuves aux impressions, de quelques jeunes officiers, d'un jeune marin surtout, déjà baptisé par la gloire des armes et qui, appelé comme le fut Bonaparte à commander de bonne heure, devra à leur habile et vigoureuse application une haute renommée et les triomphes de son pays.

Le principe de la concentration des masses, pour la guerre maritime, est d'autant plus brillant d'avenir pour la France, que rien chez nous ne s'y oppose, car nous n'avons ni colonies, ni possessions lointaines et débiles à sauver. Les Anglais, au contraire, sont malgré eux forcés à se disséminer dès qu'ils savent qu'une nombreuse armée navale française sillonne les mers en des points dont la position est encore un problème pour eux, car ils ont alors à craindre pour tous leurs établissements à la fois. — Mais il faut que ces masses aient bien plus désir de se battre que de se promener. Les Anglais, en faisant fusiller l'amiral Bing, parce qu'il n'avait pas jugé rationnel d'attaquer l'escadre française, *à laquelle pourtant il était inférieur*, ont assuré leurs triomphes *en coupant court ainsi à toute autorisation de mettre l'opportunité du combat en discussion*. Nelson à Trafalgar, contraignait chacun des siens à se battre en donnant cet ordre historique :

« Que tout capitaine de vaisseau qui serait indécis,
« ne voyant pas les signaux, *ne serait pas répréhensi-*
« *ble* s'il prenait un vaisseau français par son travers.»
Par quelle fatalité le brave amiral Villeneuve, dans le
même combat, n'eut-il pas la même inspiration !

Nous persisterons donc, jusqu'à plus valables ob-
jections, dans les conclusions de notre ouvrage qui,
rejetant toute pensée d'un grand port militaire sur la
côte d'Afrique, demandaient seulement (pag. 207) :

« Des batteries de côte, pour appuyer le combat
d'une escadre, ou pour sauver des corsaires français ;

« Des moyens d'embuscade pour des corsaires ;

« Des ports pour des navires de commerce ;

« Des refuges contre la tempête pour deux ou trois
navires de guerre amenés par des commissions spéciales et accidentelles. »

Mais après ces dépenses là, qu'on consacre l'argent
à s'assurer bien positivement de cette immense rade
des îles d'Hyères tant négligées, et qui jadis tant de
fois aida les Anglais dans les moments de tempête à
maintenir leur blocus. Qu'on songe au golfe d'Ajaccio ;
qu'on s'assure à tout jamais cette belle rade du fort royal
de la Martinique, qui servira toujours à de grandes et
redoutables combinaisons de stratégie maritime ; qu'on
fonde sur les bords de la Manche, en face de l'Angleterre,
tout ce qui sera nécessaire pour menacer celle-ci d'une

attaque au cœur, ce qui aura pour premier avantage de la contraindre à garder ses forces navales près d'elle pour s'opposer à ce passage de fossé et de leur défendre d'aller dominer au loin ; surtout qu'on constru se le plus possible de navires de guerre , soit à voiles, soit à vapeur. — Voilà bien assez de sujets urgents de grandes dépenses, sans qu'il puisse être nécessaire de s'en créer en place d'autres, ou futiles, ou dangereux. — Avons-nous donc hâte avant tout de nous débarrasser de notre argent, en le jetant dans l'eau , comme ces corsaires rentrés de course, qui n'aspirant qu'à se débarrasser des richesses qu'ils ont rencontrées, afin de retourner plus vite à la mer et aux combats , lancent par les fenêtres, à profusion, des pièces d'or fortement chauffées, pour rire en voyant ceux qui les ramassent se brûler les doigts? Quelles réflexions à faire en se reportant en souvenir à cette époque du *Compte-rendu* du banquier Necker!

Nos conclusions sur le besoin de ports en elles-mêmes, si elles étaient adoptées, couperaient court à toutes discussions sur les deux projets présentés pour Alger. Néanmoins, il est peut-être d'une certaine utilité de noter quelques réflexions que les opinions émises nous suggèrent.

Une incroyable similitude se présente avec ce qui eut lieu pour les fortifications de Paris. Un premier projet soutenu par des officiers d'un haut mérite demandait seulement des forts détachés : cela paraissait suffisant, et nous sommes encore, comme nous le fûmes alors, de cet avis. Un autre ingénieur, célèbre à juste titre, fut l'origine de naissance d'un parti considérable qui, proscrivant les forts détachés, ne voulait qu'une enceinte continue. Ainsi se perdirent huit années. Enfin, par un inconcevable compromis, chacun accédant par échange réciproque au désir de son adversaire, on se décida à exécuter les deux projets à la fois. Pour que la similitude existant jusqu'à ce moment dans la marche de ces deux questions devînt complète, il ne manquerait plus qu'une décision qui adopterait les deux projets de port simultanément.

Pour la conduite des résolutions, il nous semble qu'on eût dû d'abord faire traiter la question d'opportunité d'un grand port militaire en Algérie par une commission de militaires habiles dans les hautes combinaisons de leur science. — En admettant une réponse affirmative pour qu'une telle fondation fût suivie, il eût fallu demander aux ingénieurs trois ou quatre projets détaillés, avec devis et estimation du temps d'exécution. — Ensuite une commission de gens de mer faisant la part du temps à employer, des sommes à dépenser, des difficultés de manœuvre des navires, eût classé et numéroté ces projets par ordre de préfé-

rence. — Alors chaque commission fût restée exactement dans la sphère de sa spécialité et l'on n'eût
pas par ordre télégraphique changé hasardeusement le
tracé de projets en cours d'exécution.

Pour le temps que ces travaux exigeront, on a paru
admettre que par chaque douze heures de travail, une
jetée devait avancer toujours de la même quantité.
Pourtant, au fur et à mesure que l'on gagne une mer
plus profonde, le volume à établir croît dans une pro-
portion telle que le cube d'un mètre courant, avec
profondeur moyenne de deux mètres d'eau, est *quatre
fois plus grand* que celui d'un mètre courant de jetée, avec profondeur moyenne d'un mètre d'eau. On
a paru admettre aussi que plus on aurait d'ouvriers,
plus on irait vite ; pourtant, le travail possible est limité à son maximum, par la quantité de blocs que
l'on peut glisser à la mer par la tête de la jetée en
construction. Or, pour porter les blocs à cette tête,
on n'a qu'un chemin unique, étroit, augmentant toujours en longueur, lequel est la surface supérieure de la
portion de jetée déjà construite, et lequel par conséquent, fixe le nombre de transports possibles à la fois ;
ainsi, ce n'est pas la fabrication des blocs qui arrête,
mais bien leur transport successif au point où ils doi-
vent être immergés. Or, pour cette seconde partie du
travail, le nombre possible d'ouvriers à employer, est

rapidement restreint par les dimensions du seul chemin praticable. — Si donc on a réellement admis les deux hypothèses précédentes, on a fait une erreur matérielle.

Ces observations se sont prolongées bien plus loin que nous ne l'eussions voulu. Ce n'est pas entièrement notre faute. — Si nous eussions eu à émettre nos idées devant Ruyter, Duquesne, Suffrein, Nelson, ou devant Frédéric, Napoléon, l'archiduc Charles, nous eussions bien plus rapidement été ou vaincu ou vainqueur ; car il y a grand nombre de raisons que ces hommes spéciaux et au coup d'œil rapide n'eussent jamais pensé à présenter comme valables, et, par contre, ils eussent immédiatement mis le doigt sur le nœud de la question, quel qu'il puisse être.

Nous n'avons jamais même aperçu M. Thiers ; nous n'avons pas l'honneur d'être connu de lui ; nous savons seulement qu'il s'est jadis exprimé avantageusement sur notre compte à la tribune, et nous lui en sommes reconnaissant. Nous serions peiné qu'il crût voir quelque chose de personnel dans ces considérations. Nous n'avons ici fait autres choses, que développer une proposition de géométrie avec ses corollaires sur une haute question que nous avions déjà antérieurement traitée, et sur un mémoire contraire désigné au dossier par l'indication *M. Thiers*. — Quant au ministère, nous ne sommes en rien initié à ses pensées ; nécessairement néanmoins il a tort ; n'est-ce pas convenu *quand même* depuis vingt-huit ans ? mais lorsque nous voyons deux vieux capitaines, aussi habitués aux grandes combinaisons de la guerre que le sont le maréchal Soult et l'amiral Duperré, préférer tous deux le petit projet, nous espérons qu'ils y sont amenés, ô tre autres motifs, par quelques préoccupations concordant avec les dangers futurs que nous croyons devoir se présenter.

Enfin, nous avons fait imprimer ce mémoire comme un petit ouvrage séparé, parce que nous voulons qu'il s'en conserve quelques exemplaires dans les temps futurs. Nous en appelons à l'avenir pour nos prévisions sur cette haute question militaire.

FIN.

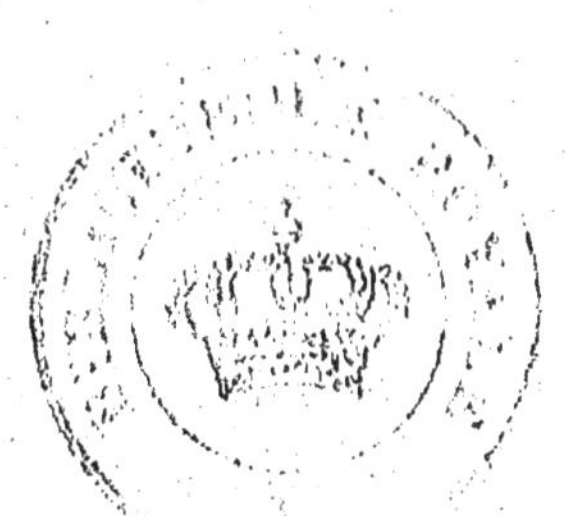

www.ingramcontent.com/pod-product-compliance
Ingram Content Group UK Ltd.
Pitfield, Milton Keynes, MK11 3LW, UK
UKHW022220070726
13613UKWH00004B/1789